내 마음의
만다라

이윤정 명상 시화집

내 마음의 만다라

초판 1쇄 찍은날 2024년 4월 5일
초판 1쇄 펴낸날 2024년 4월 15일

지은이 이윤정

펴낸이 최윤정
펴낸곳 도서출판 나무와숲 | 등록 2001-000095
주 소 서울특별시 송파구 올림픽로 336 910호(방이동, 대우유토피아빌딩)
전 화 02-3474-1114 | 팩스 02-3474-1113 | e-mail : namuwasup@namuwasup.com

ISBN 979-11-93950-00-5   03180

명상 시화집

이윤정

내 마음의 만다라

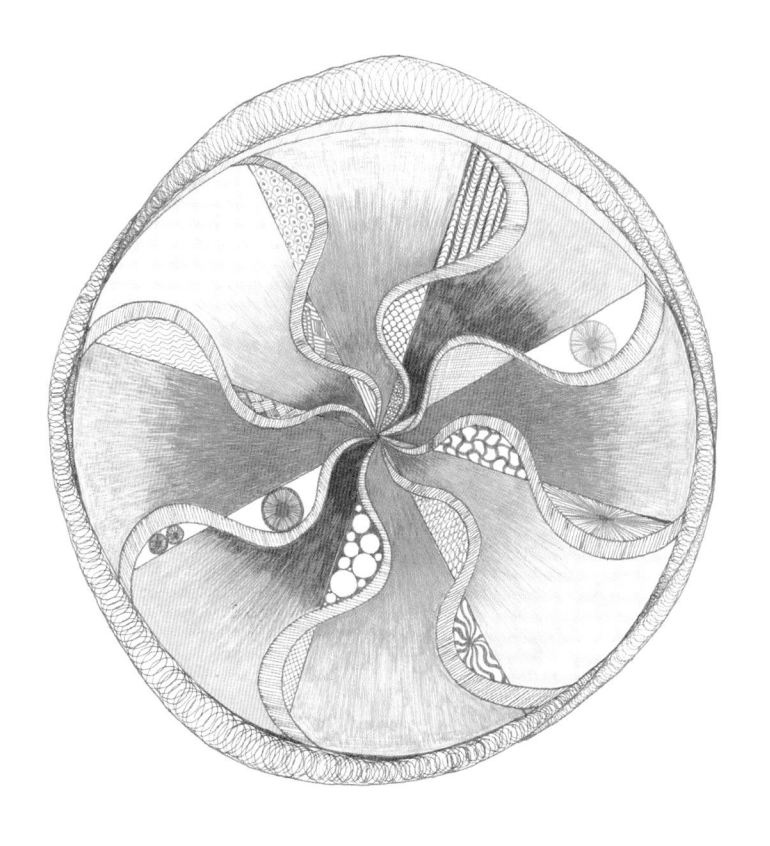

나무와숲

나의 버려진 세계와 만나다!

나는 말보다 그림이나 글이 편하고 익숙하다. 어릴 때부터 사람들과 어울리기보다 혼자 보내는 시간이 많았고, 혼자 있는 시간이 편했다. 그러다 보니 스스로에게 물음을 던지고 내 안에서 답을 구하면서 살아온 것 같다. 나아가 변하지 않는, 흔들리지 않는 기준이 될 만한 것을 찾으려고 하였다. 종교에서 말하는 진리와 그것을 실천하는 사람들의 모습이 나에게 방향성을 주고 살아가는 지침이 되었다.

이러한 과정을 거쳐 나만의 세계를 구축하게 되었는데, 그것은 무리 속에 있지만 고립된 듯한 느낌과 자발적인 소외로 이끌기도 했다. 사람들과 어울리고 싶은 마음도 있지만 사람들과 함께 있는 것이 불편하고 부담스럽고 어색해서 무얼 어떻게 해야 할지 알 수 없는 난감한 지점들도 있었다. 그래서 가끔씩 사람들과의 자리를 피해 혼자만의 공간으로 들어가곤 했다. 그런 나를 이해하기 위해 심리영적인 작업을 하면서 나를 알아가는 시간을 많이 가졌다. 그러면서 나에 대해 통합적으로 이해하고 수용하는 과정을 이어오고 있다.

누구나 그렇겠지만 세상과 마주한 나는 그야말로 거대하고 막강해 보이는 환경에 적응하고 살아내기 위해 내 몸과 마음을 통제하고 조절해야 했다. 그러다 보니 이제는 내 본연의 모습이 어떤지를 기억하거나 인식할 수 없을 정도가 되어 버렸다. 불편함을 느끼는 사람과의 만남이나 공간에서는 자동적으로 방어적인 태도가 올라오고 빠른 상황 파악과 대처를 위해 머리를 앞세우게 된다. 그렇다고 사회생활을 하고 일상을 살아가는 데에 있어서까지 문제가 있는 건 아니다. 다만 가슴의 느낌을 따라가야 할 때, 본연의 모습을 드러내야 할 때조차 나도 모르게 주변을 살피게 되고 긴장의 안테나가 세워졌다.

그에 비해 그림은 도화지 위에서는 뭐가 뭔지 알 수 없는 것이나 언어화하기 어려운 것을 앞뒤좌우 의식하지 않고 떠오르는 대로 흐름에 맡길 수 있었다. 이 책에 실린 만다라들도 의식에 떠오르는 것들을 검열하고 평가하는 마음 없이 그린 것들이다. 만다라는 무천선원에서 마음공부를 하면서 그린 기회로가 계기가 되어 그리기 시작했다. 기회로를 그리는 과정에서 나오게 된 여러 가지 모양을 본 무천 선생님이 책으로 내보라고 권하여 여기까지 이르게 된 것이다.

그동안 삶에서 경험한 것들을 혼자 되새기고 정리하는 데 꽤 오래 시간이 걸렸다. 그것이 바탕이 되어 흰 종이에 마음 가는 대로 쏟아내고 담아낼 수 있었다. 『내 마음의 만다라』는 그 결실인 셈이다.

만다라는 어떤 느낌을 바탕으로 제목을 정한 상태에서 그리는 경우도 있지만, 제목 없이 그리는 경우도 많다. 이 책에 담긴 만다라의 제목은 그리는 동안 떠오른 것도 있고, 그려놓은 만다라를 한동안 응시하다가 떠오른 것도 있으며, 여러 차례 반복해 들여다본 끝에 이름 붙인 것도 있다. 결국 만다라와 그에 붙은 제목은 수많은 경험과 정보들이 쌓인 나의 마음 안에서 나온 것이다. 고정된 것이 아니므로 만다라를 보는 이에 따라서 자신의 마음 안에 있는 어떤 것이 떠오를 것이다. 만다라를 통해 자신의 마음 안에 담긴 것들과 만날 수 있기를 바란다.

2024년 봄
이 윤 정

차 례

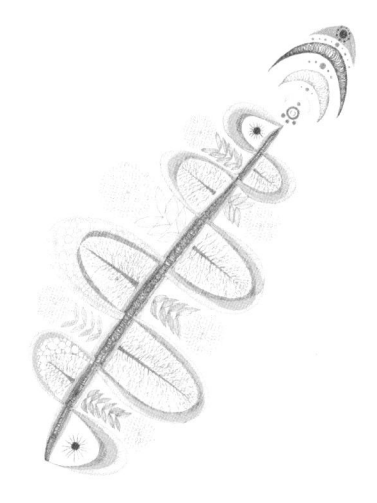

2
나를 찾아가는 여정

3

모이고 흩어지고, 나아가고 들어오고

4
돌고 도는 세계

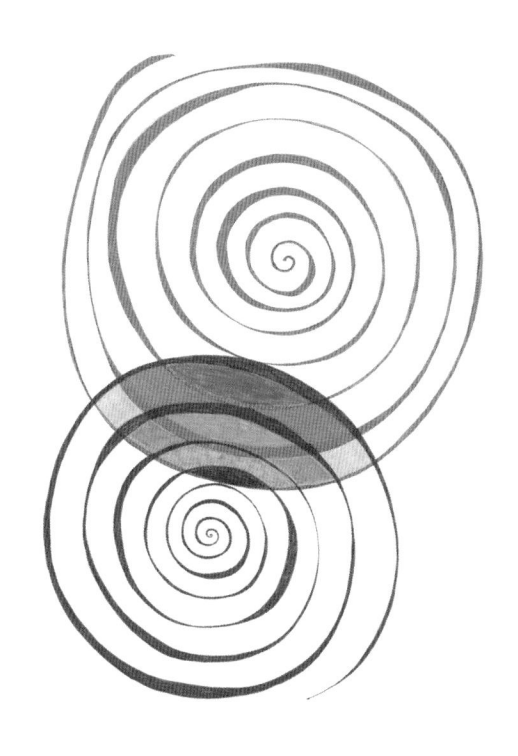

1

미지의 세계로
나아가다

다른 차원의 운용

점, 선, 면, 입체, 그다음은?
우리가 인식하지 못하는 세계는 어떤 것일까?

기氣의 세계

보이지 않는 에너지를
느끼다.

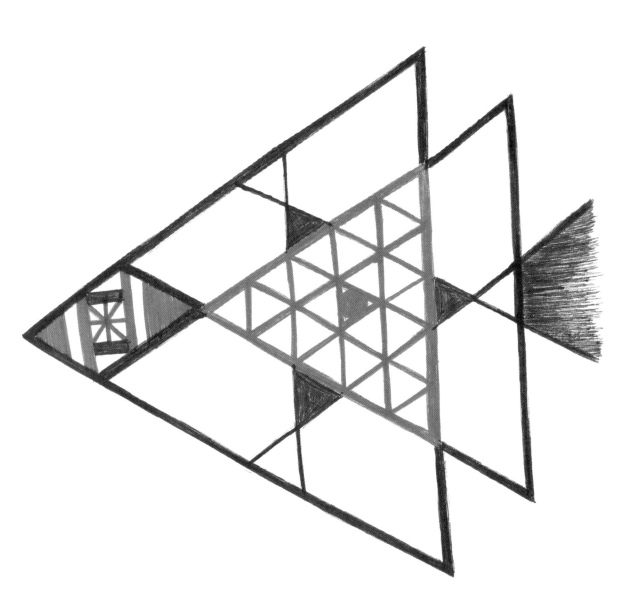

너가 네가 되어

나와 네가 구분되지 않는 세계를

알게 된다면…

부분이면서 전체인

나는 전체에서 어떤 부분인가?
내가 구성한 전체는 어떤 세상일까?

오 각

형태와 색에 부여된
에너지의 조합과 그 의미

정교한 맞춤, 운용

생각이
현실로 드러나는
자리

효과
생각으로 인상하는 것이

살게를 회가

짜여진 세계

내 말과 행동에 대한 책임을

내가 지고

그 결과를 기꺼이 받는다.

혼자서
살 수 없다

힘을 받고 지탱해 주기

나는 누군가를 위해
어떤 기여를 하고 있는가?

미지의 세계로
나아가다

보이지 않는 세계,
그곳에 펼쳐진 우주

흡수, 통합

몸으로,
의식으로,
영혼으로,
공空과 색色으로

복진타락福盡墮落

풍요와 행복이

다하면

그냥 그렇게 살아가는 것을

한정 지을 수 없다.
분별하고 판단할 수 없다.

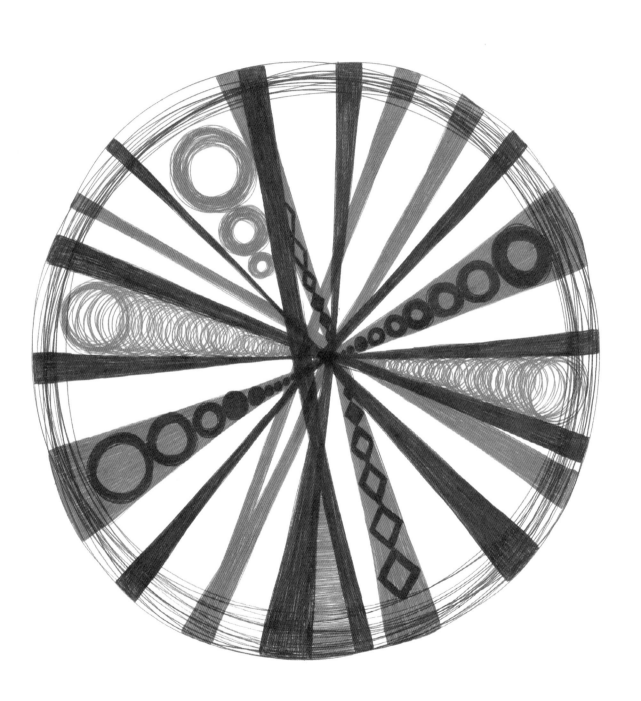

연결 1

세포와 세포가 이어지고,
사람과 사람이 이어지고,
살아 있는 모든 것과 무생물들이 연결되고,
우주와 내가 연결되다.

연결 2

유형의 세계와
무형의 세계가 연결되다.

인식된 세계와
인식되지 않은 세계가 연결되다.

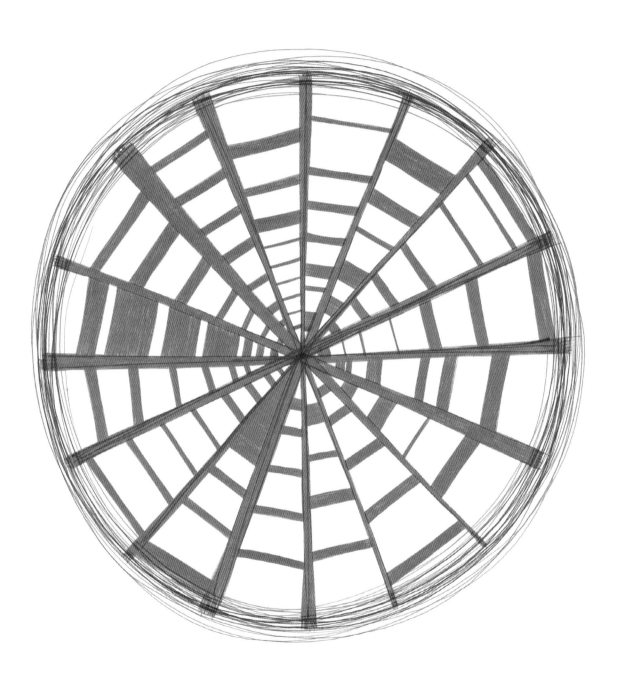

나를 찾아가는 길
나를 찾아가는 길
나를 찾아가는 길

녹음

잊히지 않는 미움

버리는 움

두 세계의 만남

너와 나의 만남은
나의 우주와 너의 우주가
만나는 것이다.

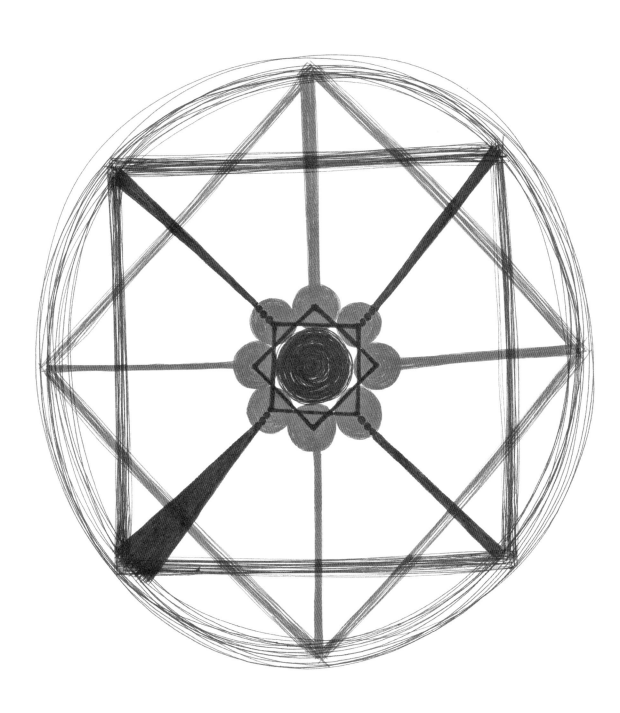

보이지 않는 것의 존재함

보인다고 보이는 것이 아니고
보이지 않는다고 보이지 않는 것이 아니다.

나의 중심은
세상이다.

세상의 중심은 나다

얼마나 붉고 찬란한가.

아름답고 깨끗한가.

사라지며 남긴 웃음같은 깨끗한 찬란함이.

봄 혼

나의 생채기는 무엇인가?

모든 혁명은,
과거로부터 시작된다

네가 구축한 세계

그곳에 있음을 확연히 알고
찾아가는 것

어인돈숭음시엽—潑雷中문체사

응시(비라기물)

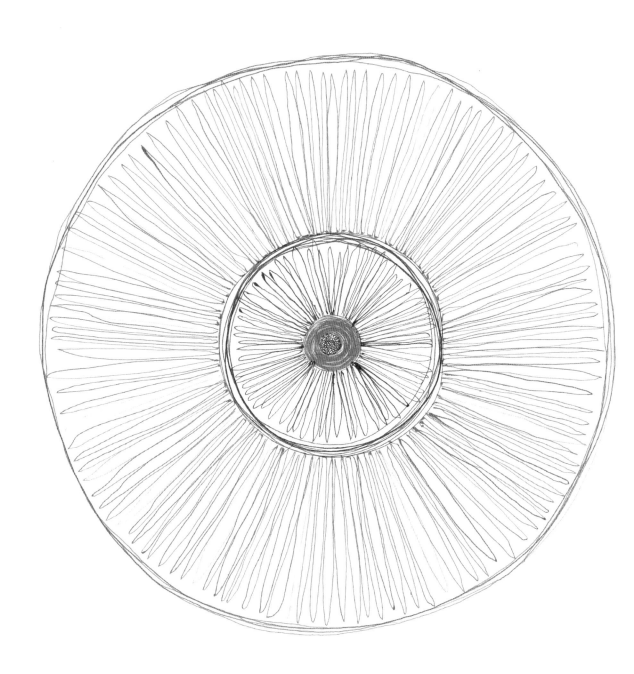

기댈 수 없는 자리에
마음을 두다

헛되이 기대고 마음을 두어
집착이 생기고 고통을 짓는다.

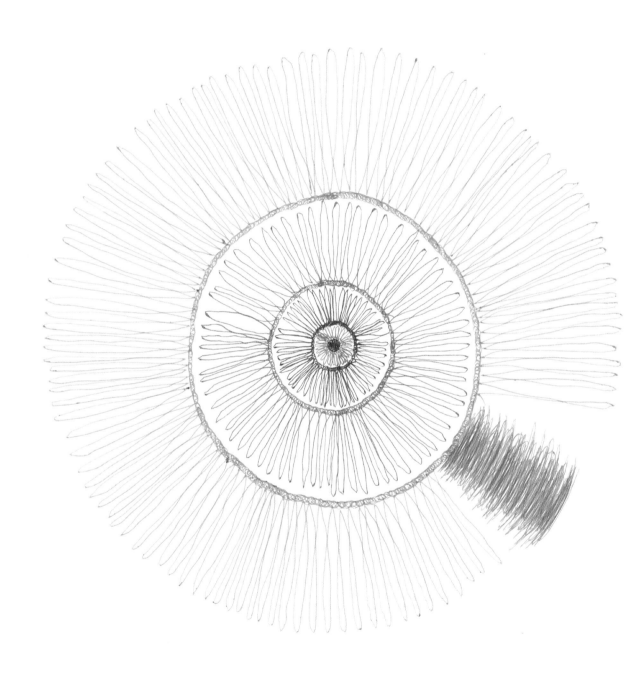

나를 힘들게 쩌지 마라.

눈눈

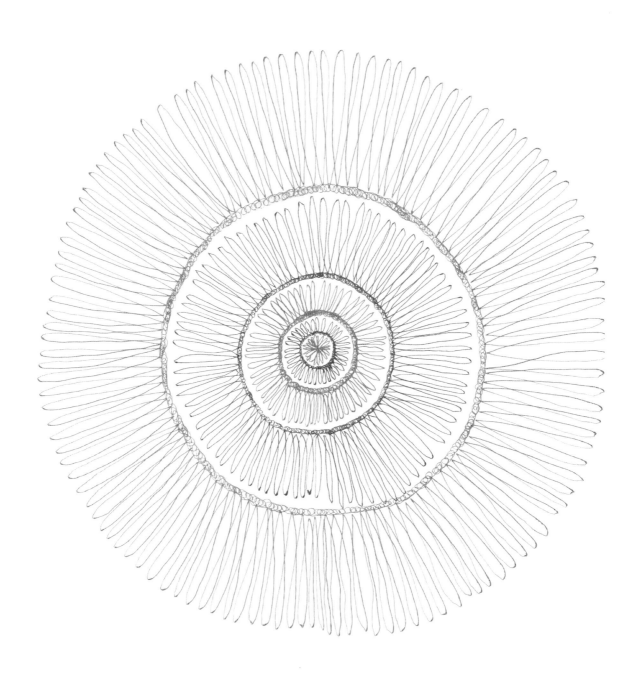

페이지다.

미래의 신호가

제발, 제발

마음그대로!

마음 가는 대로

마음 비움으로

점 화

나를 태우다.

나를 읽어낸다

충만 1

더 이상 바랄 것이 있는가?
더 이상 바랄 것이 없는가?

그대를 출렁이다.
그리움 출렁이다.

출렁 2

굴러를 불 누잉는 사진

동버키저
드미차 저파

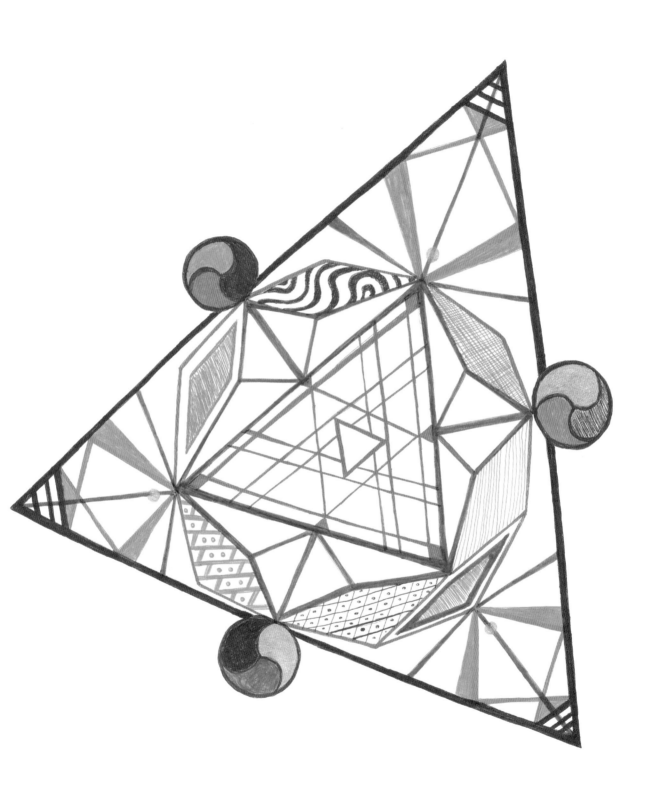

너가 가지 답답
마음이 곳에,

우가나름 1

버리고 갈 수 있겠지
나의 껍데기들은

물 속 연꽃의 뿌리로

출 정

이정표를 따라서
가야 할 그곳으로 나아가다.

본성의 자리

누구나 가지고 있지만
모두가 가지는 않았다.

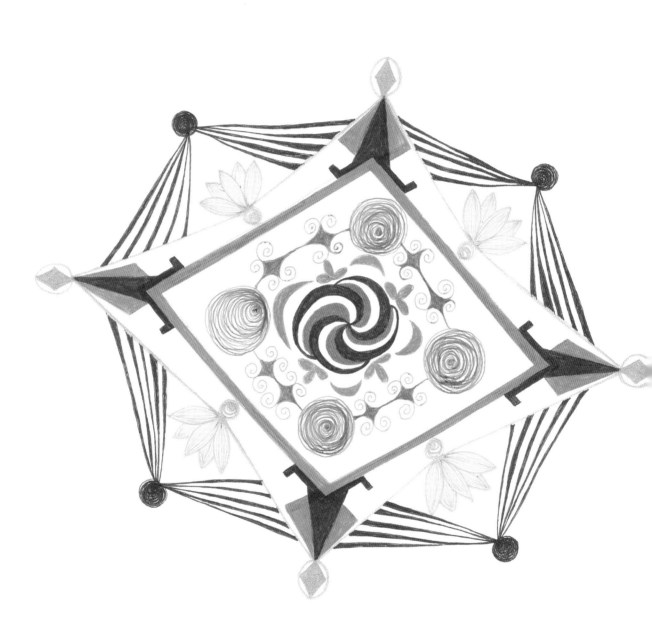

착각 속 진실

착각 속에 살고 있다는 것을 아는가?

진실은 어디에 있는가?

가 들어 깊은 것이다.
나 들어 깊이란 것이

능문
극우 피라,

규정할 수 없는,
명명할 수 없는 세계

내가 보는 것을 다른 사람은 보지 못할 수 있고
다른 사람이 보는 것을 내가 보지 못할 수 있다.
나는 어떤 차원에서 보는가?

내가 있을 곳은.
마음이 들이 있다고 생각하는
마음도 멀고 몸도 멀다.

마음이 들

진심

자비로 피어나다!

보호막

스스로를 가두다.

지켜야 하는 것, 계율

목적이 아닌 도구일 뿐.

착각,
오감을 넘어서

오감을 통해 들어오는 것들이
판단·분별의 먹이가 된다.

누구라도 받아야 하는 가혹

받는 것도 미움

주는 것도 미움

아무래도 혼자 가는

나를 찾아가는 여정

끝없는 탐구심과 의심으로
나를 발견하다!

마음의 문을 열기까지

미로 같은 마음,
잘 꾸며진 마음.
그 마음의 실체는 무엇인가?

남의 것을 탐내지 마라

네 품에 뛰어드는 행운,

네 님에 옹근 진실.

진 희

만 개

있는 그대로의 모습으로
피어나다.

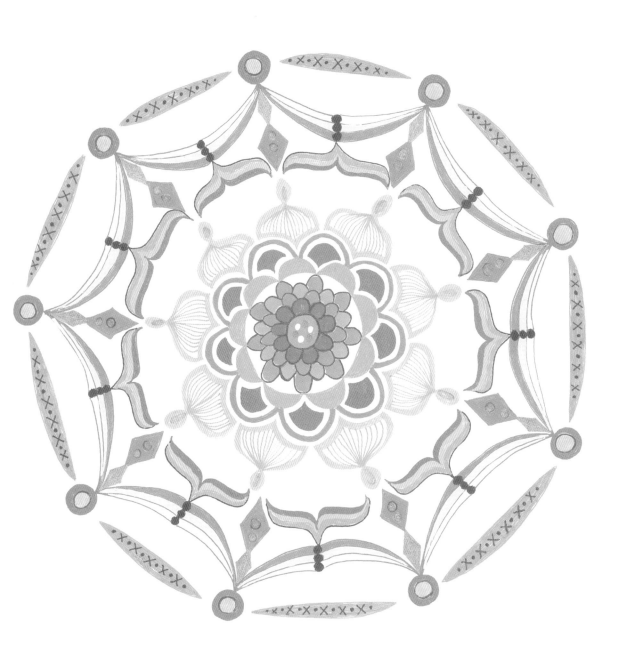

믿음 뒤에 누리는 것이며
감사이다.

바꾸며, 편안, 안정하라

결단, 단호함

중요한 것을 알아차리고
필요한 것을 실행하는 힘

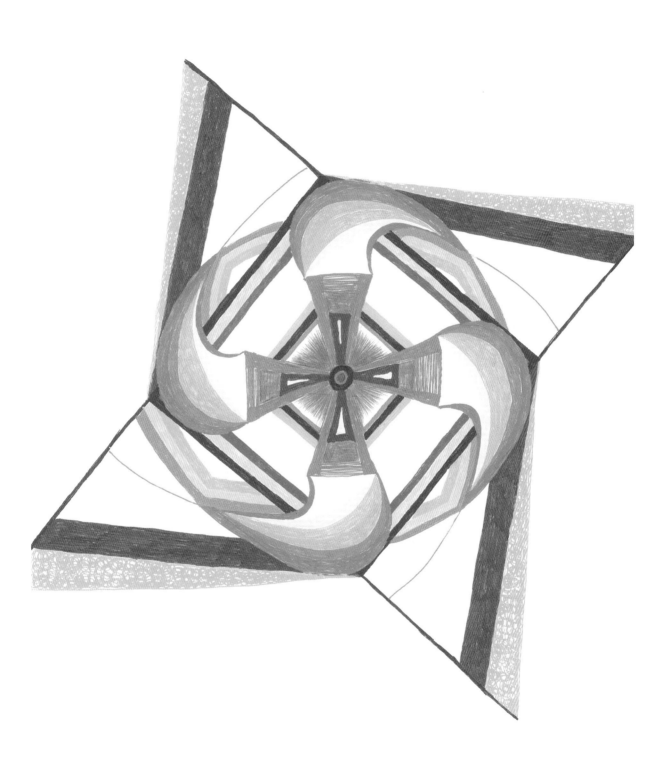

꽃과 열매,
　결실을 맺다

씨앗에 들어 있는 세계,
그리고 그 세계가 드러나도록 하는 것들.

들꽃이 흔들리는 나,
기억하는 나를 망각하는 나,
그리고 기억하는 나,

나의 흔재는?

맞물려 돌아가는 세계

나와 너,
그것들이 맞물려 돌아가다.

33천 세계

온 세상이 나다.
찰나의 한 점이 나다.
무엇을 나라고 할 것인가?
무엇을 내가 아니라고 할 것인가?

모든 길은
하나로 통한다

각자의 방식으로 살지만
모두가 함께 피워낸 우주

꽃은 그냥 웃는 것,

향기를 말하지 않고,

향기를 말하지 않아도 향기로 말하는 것

암메라 조용

네가 보아야 할 것은
무엇인가?

바깥 세상인가?

내면 세계인가?

바라보는 눈 그 자체인가?

나는 밝아있구나
나는 어떻게 생각 잊을까?

나는 어디에 있을까?

그것이 정체일지라도

피아노를 떠나서
'피아노를 피아노

수미산,
소중한 보석

단단하게 자리하고
투명하게 비춘다.

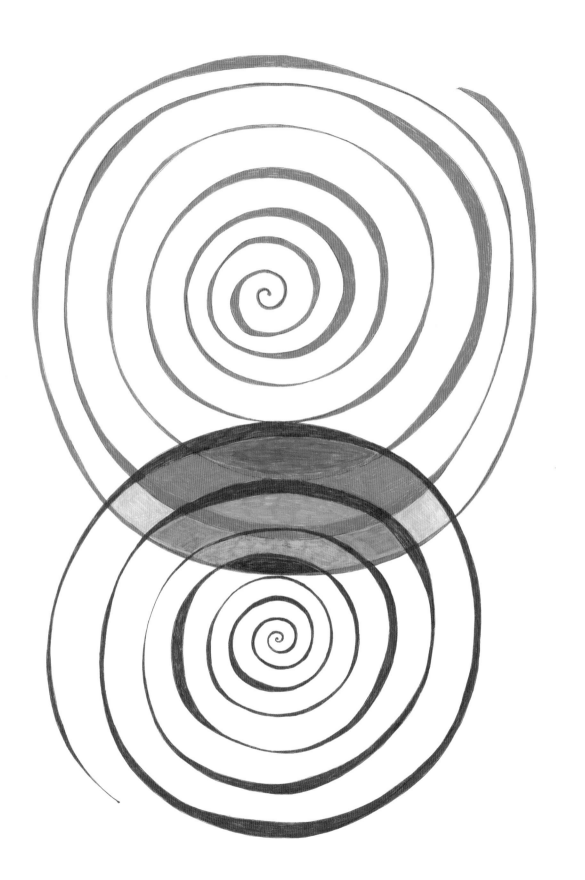

시작과 끝,
끝과 시작

그 안과 밖에
　숨겨진 것들

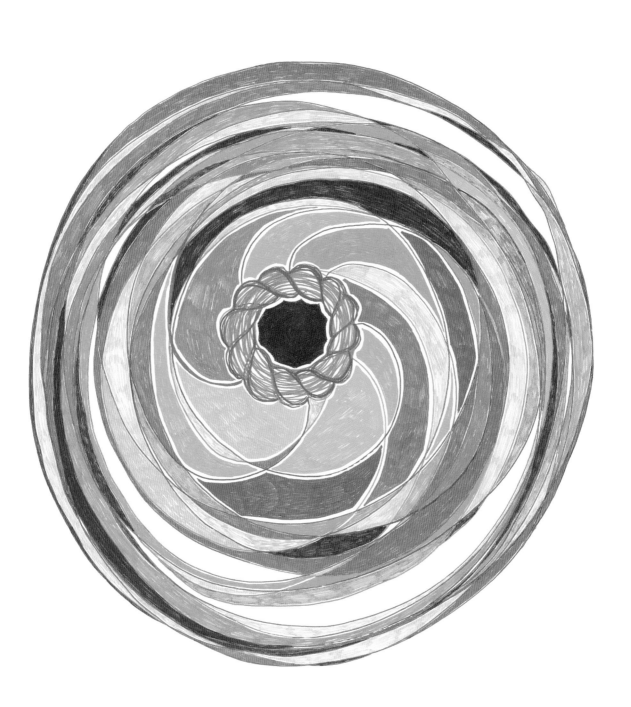

모든 것이 함께하는
세상

있음과 없음도 함께하다.

드림

기다는 마음이 모은 살아

원 철

불가사의한 조합

실재하지 않는 관념의 세계에서
빠져나오다.

그곳에
힘을 모으다

자신의 극한까지 들여다보는 힘

나는 그렇게 보았다.

교정, 정리, 채움, 결합, 물감

세상을 움직이는 기운

무엇이든 그려낼 수 있는 생각의 세계
모든 것이 깨질 수 있는 생각의 세계

정성이라 이름 붙였다

생각이 그려낸 허구
단지 이름을 붙였을 뿐이다.

기존의 개념과 틀을
비틀다

새로운 달라치

애정, 연애, 사랑

정희진
나를 위함이 누구를 위함에 대하여

하나됨 2

열리며 나아가고 사라짐
화성

날아오르다, 떨어지다

무엇이 사실인가?

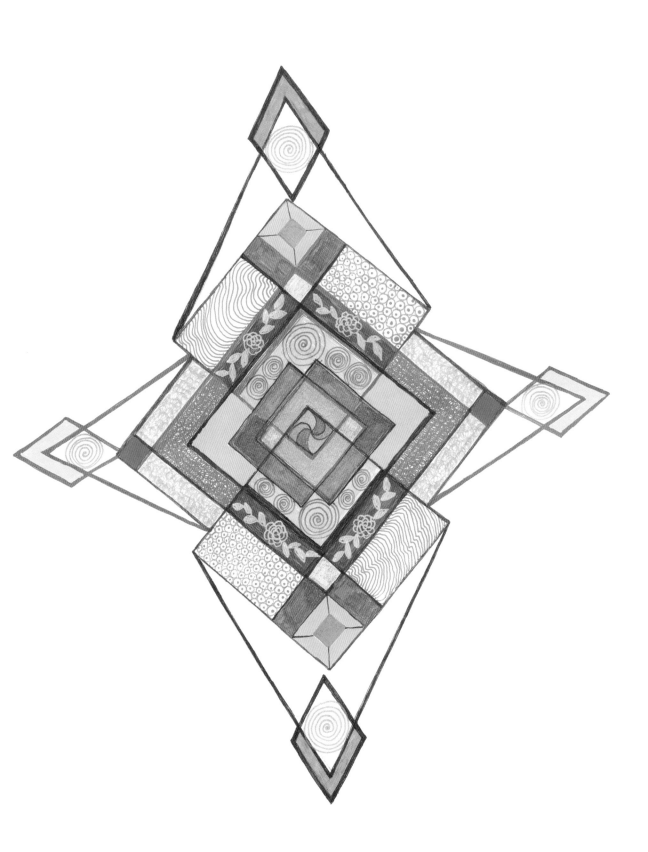

그렇게 결정된 값도 결국 같이
제한된 것이다.

나의 결핍

부분이자 전체인

내게 주어진 자리,
내가 창조한 세계.

숙명, 소명

내가
나로 있는 것!

나는 버려진
나를 버리고 혼자 울었던 사람

많은 이들
버려 버렸던 사람이

바로 그것이 드러남

뿌리 깊은 두려움과
마주하기

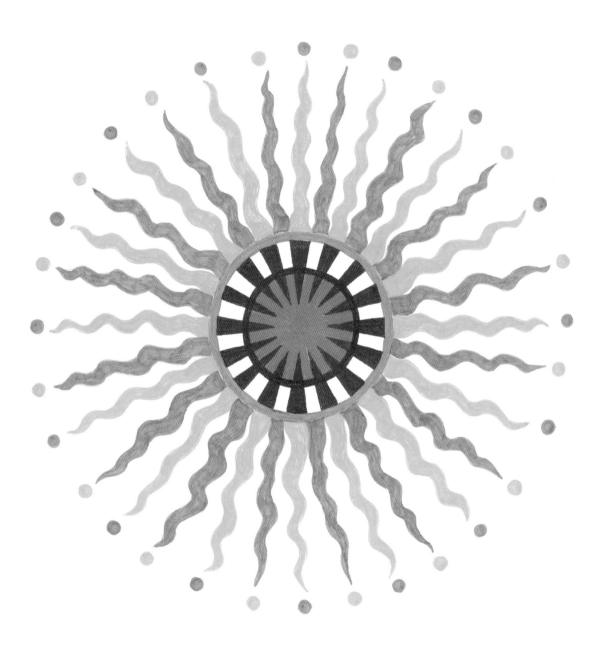

생명력과 소멸력

순환하는 자연

내 안의 나를
마주하기

오늘 기라금

그 남편곁에 다가서다.

군혼 에미지

다차원 세계

의식의 확장이 필요한 이유

아롱말
아롱말기 않은 건물이

앓른, 창온, 건온, 남세운

기류氣流

모든 것이 통한다.
모든 것이 연결되어 있다.
모든 것이 흐른다.

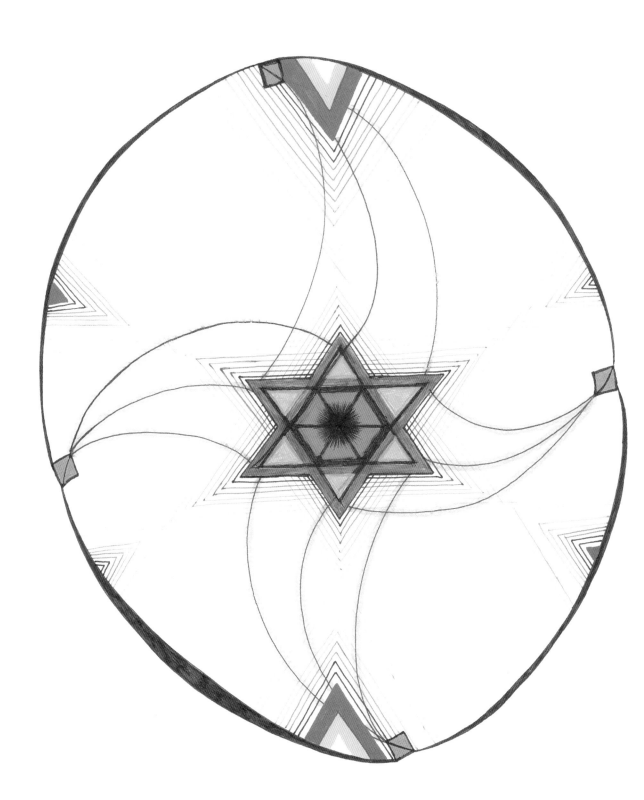

모이고 흩어지고,
나아가고 들어오고

드러나고 사라지고,
반복하면서 달라지는 것

살아간다는 것

알 수 없지만
그렇게 살아가는 것

이 세계가 그 세계의
전부일 거야

호들, 어떤 말

보이지 않는 질서

깨닫지 못한
생각의 지능

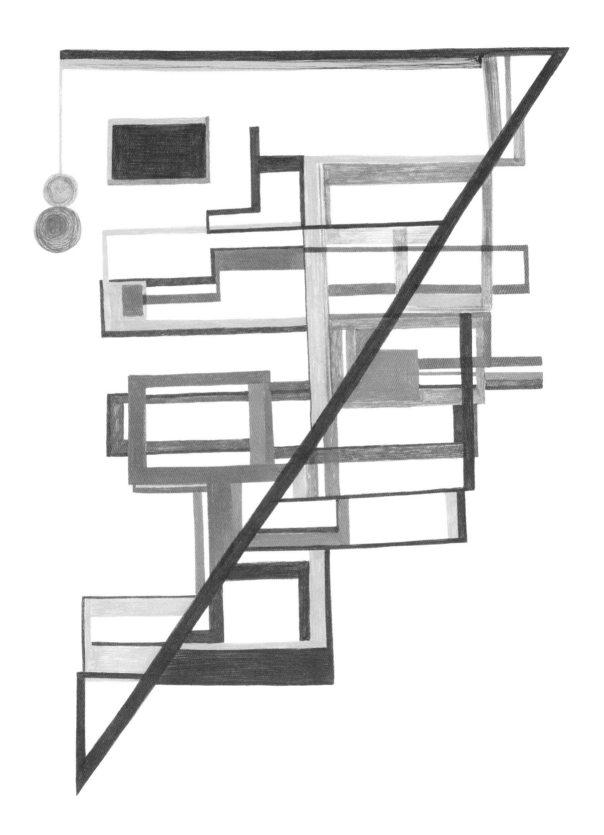

향유, 누리다, 어울리다

나를 누려라
세계를 누리자

삶의 나침반

가야 할 곳,
가게 될 그곳으로.

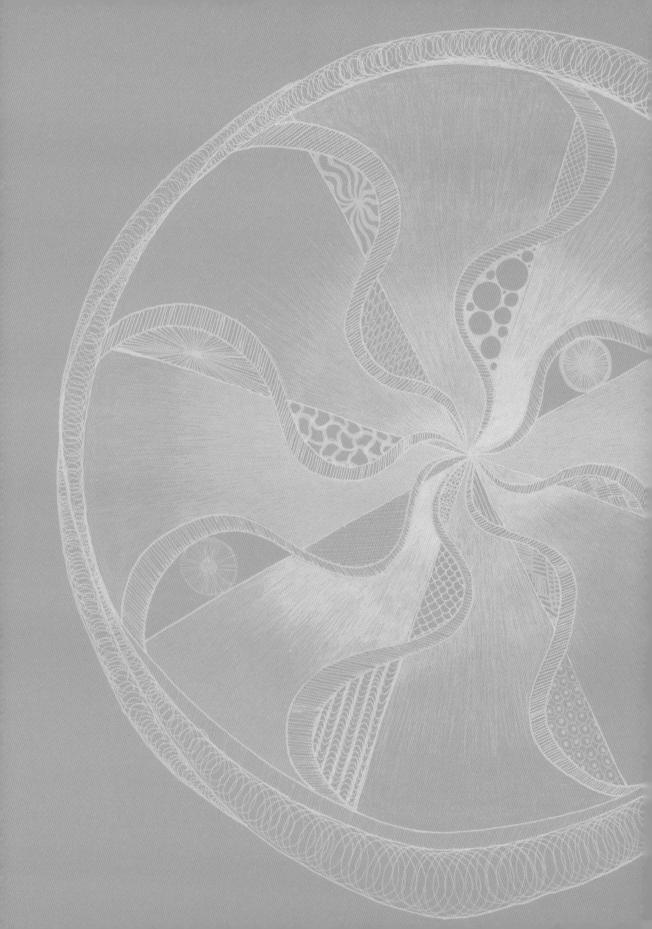

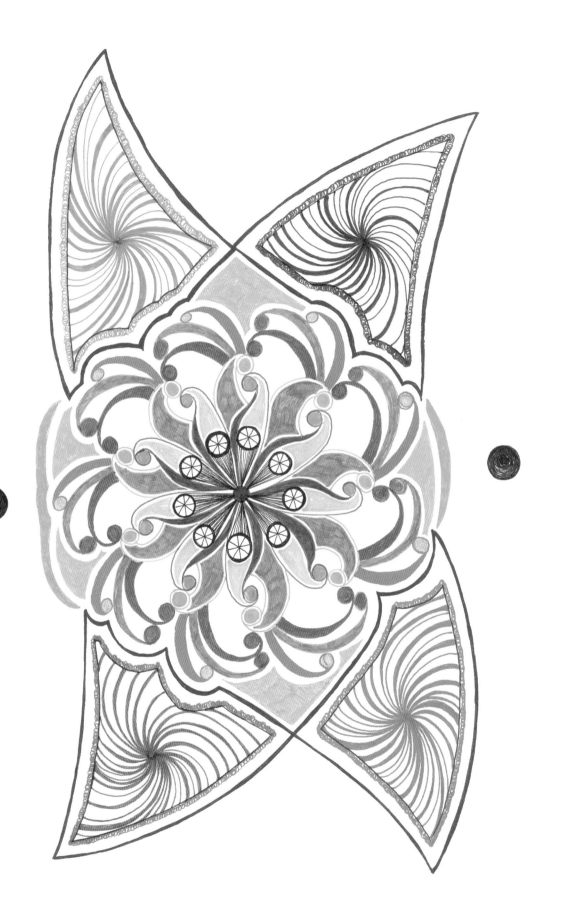

설명한 문장
숨어진 행간

행간의 차이

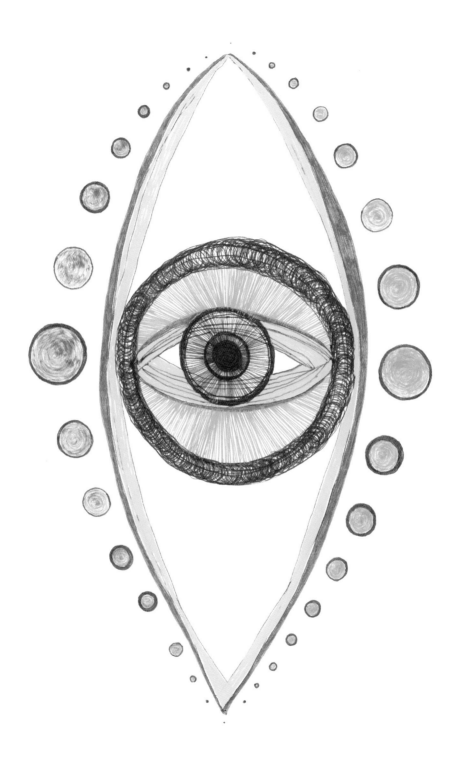

김빠진 그리고
함부로 했다고, 틀림없다고 한다.

함부로 본다

가까이 다가가다

풀들의 향연

그림 속에서 말을 잃고

이롱딤

세 포

아주 작은 세계
점에 들어 있는 세계

조현

빨래터 건조하는

표 봄

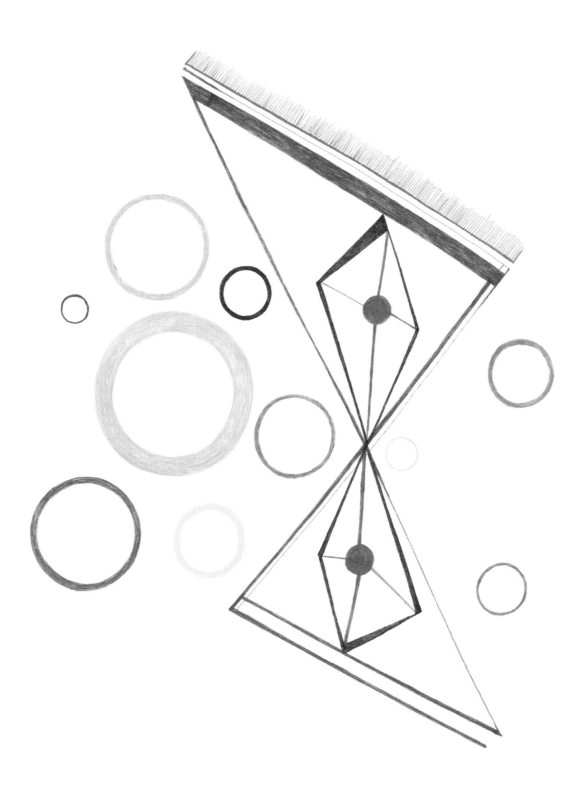

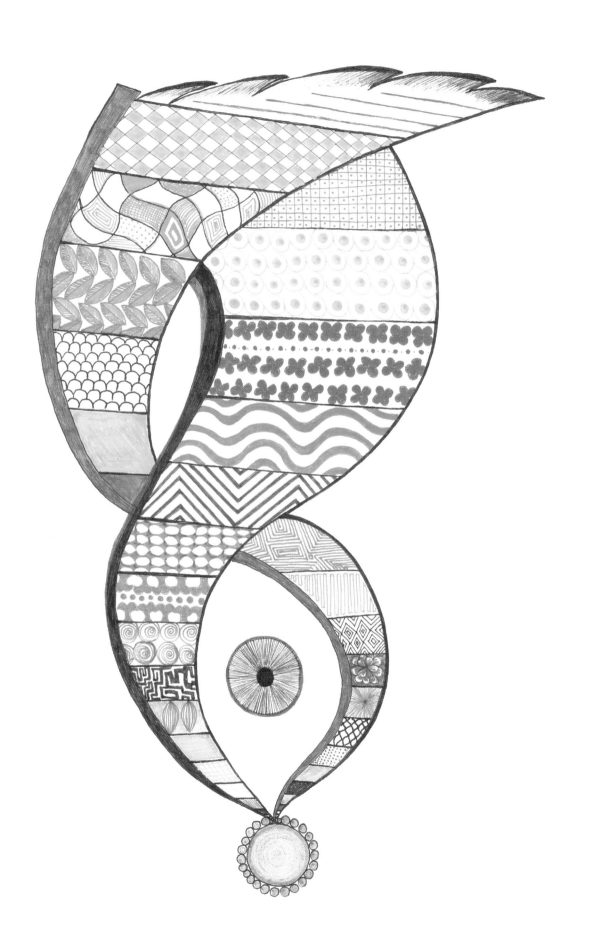

소울메이트

함께 가는 길
다른 세계가 함께 가다.

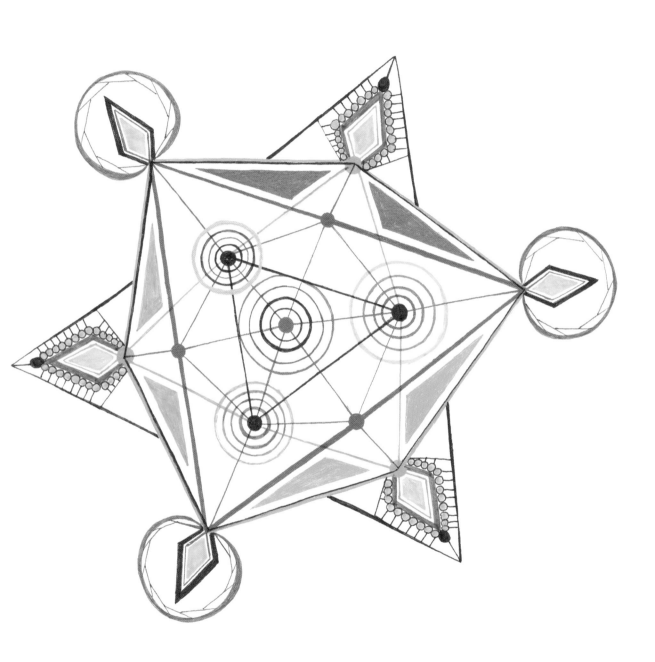

날아다니는 거북

관념을 깨다
주파수를 맞추다

예술 가족에게 기대는
미움을 받고.

판온, 판후, 이웅, 홍식

성스러운 자의 탄생

자비와 지혜의 가르침

눈의 세계, 축제

신비롭고 낯선 세계로의

초대

마음으로 살았다

교사들 위해,
호호 말에서

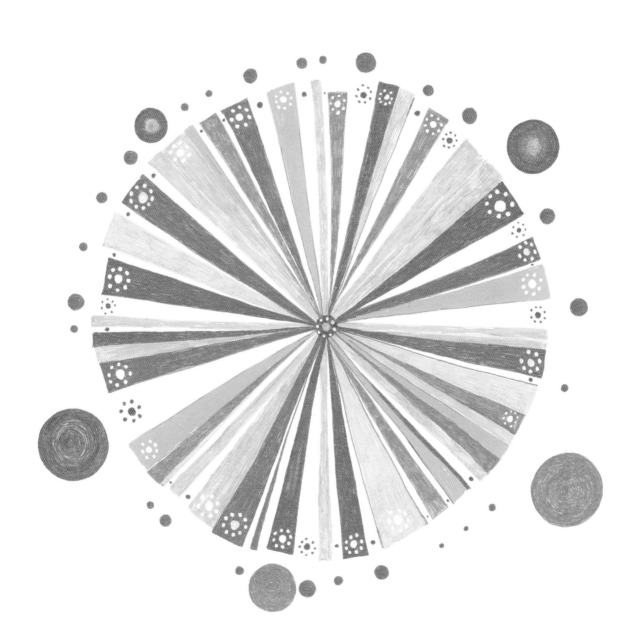

정교하게 구성된
에너지

생성과 소멸이 굴리는 세계

순수, 삼위일체

순수한 나로 만나는 실재

끝까지 버텨 해보기

그림에도

혼잣

황희

잊는 그대를 생각하는 거의

황희

용기 세상의 비밀

다락원 체험 2

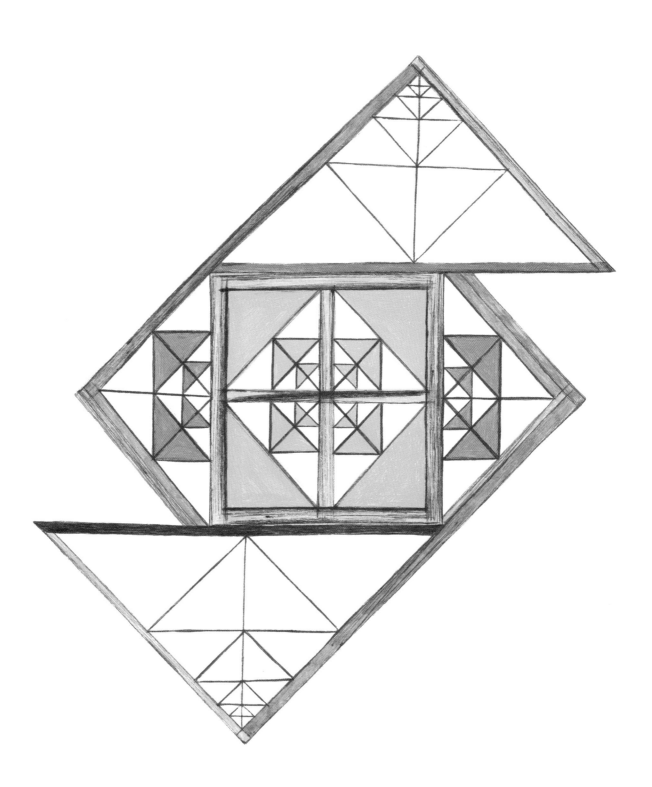

나의 몸에 단풍은 예뻤을까

나의 이름
비행기

이것이 한제를 듣고
믐아사거.

감불
기러허제 집여러 내게하여

영매가 세월이 흐른다.
그리움 세월이 영매가 흐르고,

양기

아이들의 시간
엄마의 정성을 받아서

아이의 포근한 눈빛에

만구하려면 수 없는 순을 양아려야한디면

시간려 공간이 오간운 프란시

프랭클의 오틀

개념의 분쇄

개념으로부터의 자유

형 공간도 함 공간도 미룰기 않는다.

형 손에도 함 손에도 미룰기 않는다.

정 혈

용배는 놀는 물

곤남

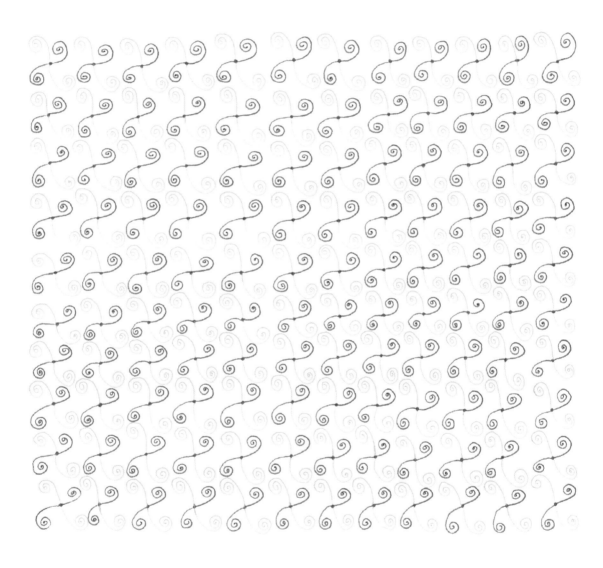

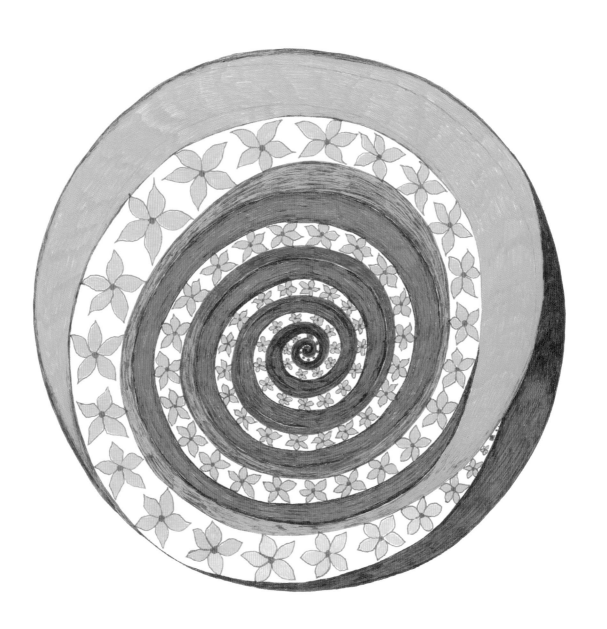

기능성의 절제

치아야 양이드큰

아득히
모든 것이 사라진 후에 있는

당신의 자리에서

빠리에서 프랑스빵을

저명훈

문학하는가

남았을

나는 아이에게

롤고 도는 비게

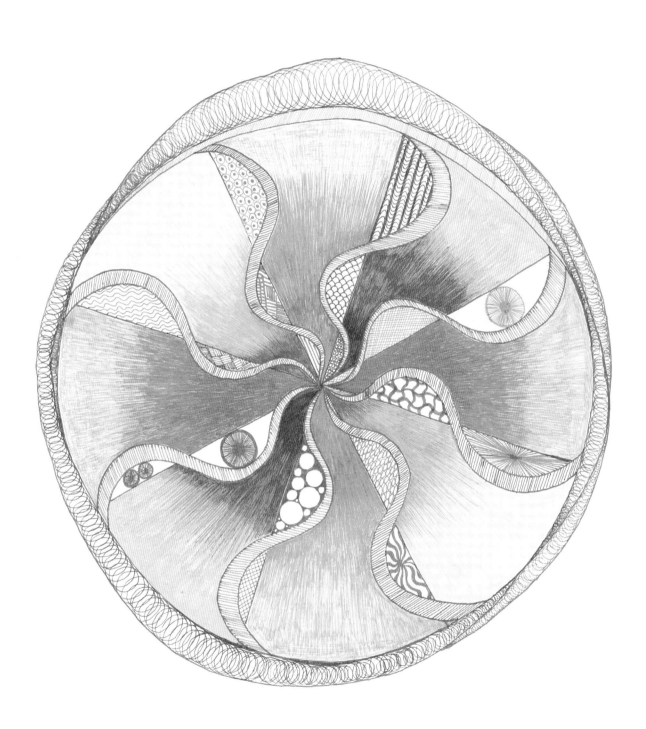